Low Carb
mit der Heißluftfritteuse

fettarm ✓
gesund ✓
knusprig ✓

Weltbild

INHALT

VORWORT

Leichte kohlenhydratarme Gerichte aus der Fritteuse? Das scheint auf den ersten Blick so gar nicht zusammenzupassen. Doch dank der neuen Heißluftfritteusen lassen sich mittlerweile wunderbar leichte Gerichte zaubern, die weder vor Fett triefen noch das Kohlenhydratkonto belasten. Letzteres erreicht man ganz einfach, indem man mit viel Gemüse kocht und kohlenhydrathaltige Zutaten beispielsweise durch Mandelmehl, Kokosflocken oder Stevia ersetzt. Da zudem nur ein Bruchteil an Fettzugabe in der Heißluftfritteuse nötig ist, hat man ganz schnell eine Menge an überflüssigen Kalorien eingespart.

Entdecken Sie in der Einleitung, wie eine Heißluftfritteuse funktioniert, worin ihre Vorteile liegen und welches Zubehör sinnvoll ist. Kleine Tipps und Tricks helfen Ihnen dann noch beim reibungslosen Umgang mit dem Gerät. Erfahren Sie weiterhin, was man überhaupt unter dem Begriff Low Carb versteht und welche Regeln beachtet werden müssen. Um Ihnen die Umsetzung in eine neue Ernährungsweise zu erleichtern, finden Sie eine Liste mit kohlenhydratarmen und kohlenhydratreichen Lebensmitteln. So bekommen Sie schnell ein Gespür dafür, was Sie essen sollten und was Sie in Zukunft besser von der Einkaufsliste streichen. Für kleine Motivationslöcher haben wir noch einige Tipps zum Durchhalten für Sie zusammengestellt.

Im Rezeptteil finden Sie neben Beilagen und Snacks wie Kürbis-Pommes und Grünkohlchips zahlreiche leckere und sättigende Hauptgerichte. Wir wär's z. B. mit einer Blumenkohlboden-Pizza oder Fischfingern in Sesamkruste? Und auch für den Süßhunger gibt es Rezepte für die Heißluftfritteuse! Im letzten Kapitel finden Sie Desserts und Gebäck, die mit einer Low-Carb-Ernährung zu vereinen sind. Sie werden staunen, was für Low-Carb-Köstlichkeiten mithilfe der Heißluftfritteuse herzustellen sind. Wir wünschen Ihnen viel Spaß beim Zubereiten und Genießen!

Einleitung

In diesem Buch finden Sie jede Menge kohlenhydratarme Rezepte, die Sie in der Heißluftfritteuse zubereiten können. Aber wie funktioniert eigentlich eine Heißluftfritteuse und was kann man in ihr zubereiten? Was genau bedeutet nun eigentlich Low Carb und was muss man bei dieser Ernährungsform beachten? Auf den nächsten Seiten werden all diese Fragen beantwortet.

Funktionsweise und Vorteile der Heißluftfritteuse

Im Gegensatz zur herkömmlichen Fritteuse funktioniert die Heißluftfritteuse, wie der Name schon sagt, mit heißer Luft. Das Öl, welches man beim normalen Frittieren verwendet, wird nämlich durch permanent zirkulierende heiße Luft ersetzt. Heizkörper bringen diese auf die richtige Temperatur und mithilfe eines Ventilators wird sie im gesamten Gerät verteilt. So sind die Nahrungsmittel ständig von heißer Luft umgeben und werden dadurch schön knusprig. Die Vorteile der Heißluftfritteuse liegen in der sichereren, sauberen und geruchsneutralen Handhabung des Gerätes. Denn im Gegensatz zur normalen Fritteuse kann kein spritzendes Fett zu Verbrennungen führen. Bereits eine sehr kleine Menge Öl reicht bei dieser Art der Fritteuse aus, um die Speisen schmackhaft werden zu lassen. Auch die Reinigung ist wesentlich einfacher. Kein altes Fett muss entsorgt werden und die meisten Teile dürfen in die Geschirrspülmaschine. Auch der lästige Geruch von heißem Fett muss bei einer Heißluftfritteuse nicht ertragen werden.

Sinnvolles Zubehör

Für den normalen Gebrauch einer Heißluftfritteuse brauchen Sie keinerlei Zubehör, da alle benötigten Teile natürlich beim Kauf eines neuen Gerätes enthalten sind. Es gibt jedoch den ein oder anderen nützlichen Helfer, der die Möglichkeiten der Zube-

reitung köstlicher Speisen noch erweitert. So können Sie beispielsweise mit einem Backeinsatz Kuchen, Brote und Aufläufe zubereiten. Durch die Antihaftbeschichtung des Einsatzes lassen sich die Speisen wunderbar herauslösen und das Säubern nach der Benutzung fällt ebenfalls ganz leicht.
Auch die Oberfläche des Grillpfanneneinsatzes hat eine Antihaftbeschichtung. Das Grillgut klebt somit auch ohne die Zugabe von Fett nicht an. Und eine mühelose Reinigung ist ebenfalls garantiert. Der Grillpfanneneinsatz zeichnet sich weiterhin darin aus, dass sein Boden viele Löcher aufweist. Dadurch kann austretendes Fett abtropfen und die bereits weitestgehend fettfreie Zubereitung wird noch unterstützt.
Die Anschaffung einer Pizza Pan sollten Sie sich auf jeden Fall überlegen. Darin lässt sich ganz wunderbar die Blumenkohlboden-Pizza herstellen, die Sie im Rezeptteil finden. Aber auch für Tartes, Quiches und Kuchen eignet sich dieser Einsatz gut.
Ein Snacking Garkorb empfiehlt sich für empfindliche Lebensmittel. Da dieser statt eines Rührarmes in das Gerät eingesetzt wird, bewegt sich der Korb. Aufgrund des luftdurchlässigen Gitters ist ein gleichmäßiges Garen der Speisen möglich.
Natürlich liegt der Vorteil der Heißluftfritteuse im Gegensatz zur herkömmlichen Fritteuse in der nahezu fettfreien Zubereitung. Einige Speisen schmecken aber mit ein wenig Fett einfach besser. Für ein gleichmäßiges und sparsames Auftragen von Fett ist ein Öl-Zerstäuber sehr hilfreich. Auch ein herkömmlicher Backpinsel ermöglicht ein leichtes Einfetten der jeweiligen Lebensmittel.

Tipps für die Heißluftfritteuse

Für einen reibungslosen Ablauf sorgen folgende Tipps:

- Sollten Sie sich noch kein Gerät gekauft haben, beachten Sie auf jeden Fall die Größe der Heißluftfritteuse. Selbstverständlich kommt es auf die Anzahl der zu bekochenden Personen an. Sich ein Gerät mit zwei Ebenen anzuschaffen kann durchaus sinnvoll sein, um unterschiedliche Lebensmittel zur gleichen Zeit zu garen.
- Generell ist es wichtig, dass die Lebensmittel nicht zu eng im jeweiligen Einsatz liegen. Denn nur so kann die Luft richtig zirkulieren und die Speisen werden gleichmäßig gar. Um ganz sicher zu sein, kann man den Einsatz nach der Hälfte der Garzeit auch kurz schütteln, sodass die Luft wirklich an alle Stellen gelangt.

- Wie bei allen elektrischen Geräten sollten Sie auf jeden Fall die Gebrauchsanweisung gründlich lesen. Heißluftfritteusen funktionieren alle nach dem gleichen Prinzip. Die Bedienung des jeweiligen Gerätes kann aber von Hersteller zu Hersteller variieren. So müssen manche Geräte vorgeheizt werden. Meist hängt dies von dem jeweiligen Gericht ab, welches zubereitet werden soll.
- Beim Öffnen der Heißluftfritteuse kann heißer Dampf entweichen, an dem Sie sich verbrennen könnten. Auch das Gerät und diverse Einsätze werden heiß. Benutzen Sie also unbedingt Topflappen beim Öffnen und Herausnehmen der Speisen.
- Bevor Sie die Heißluftfritteuse reinigen, sollten Sie den Stecker aus der Steckdose ziehen. Reinigen Sie das Gerät erst dann, wenn es ganz abgekühlt ist.
- Essensreste sollten Sie so schnell wie möglich entfernen. Verbleiben diese im Gerät, kann es zu unangenehmen Gerüchen führen.
- Viele Teile der Heißluftfritteuse dürfen in der Geschirrspülmaschine gereinigt werden. Beachten Sie dazu die Hinweise des Herstellers. Generell darf bei beschichteten Teilen keine Scheuermilch oder Stahlwolle verwendet werden, da es sonst zu einer Beschädigung der Beschichtung kommen kann.

Die Low-Carb-Ernährung

Low Carb setzt sich aus den Wörtern „low“ (niedrig) und „carbohydrates“ (Kohlenhydrate) zusammen. Es handelt sich also um eine Ernährungsform, bei der Kohlenhydrate reduziert werden und durch sättigende Proteine und gesunde Fette ersetzt werden. Diese Form der Nahrungsaufnahme senkt dauerhaft den Blutzucker- und Insulinspiegel im Körper und regt dadurch den Fettstoffwechsel an. Neben der Low-Carb-Ernährung gibt es auch die sogenannte No-Carb-Variante. Diese verbietet jegliche Aufnahme von Kohlenhydraten aller Art. Diese Form der Ernährung ist zum einen jedoch sehr schwer durchzuhalten und zum anderen gesundheitlich auch nicht wirklich zu empfehlen.

Die Low-Carb-Regeln

Bei der Low-Carb-Ernährung sind Kohlenhydrate aus Vollkornprodukten, Nüssen und Hülsenfrüchten erlaubt. Auf Kartoffeln, Reis, Weizen (beispielsweise in Form von Nudeln, Gebäck, Brot) und Zucker sollte verzichtet werden.
Man muss beim Essen nach dem Low-Carp-Prinzip keine Mengen abwiegen oder aufwendige Rezepte mit ausgefallenen Zutaten herstellen. Denn komplizierte Regeln gibt es bei Low Carb nicht. Man muss nur wissen, welche Lebensmittel man meiden sollte. Als kleine Hilfe für Einsteiger in diese Ernährungsform helfen die folgenden Tipps:

- Sie sollten weniger als 40 % Kohlenhydrate am Tag zu sich nehmen.
- Bei jeder Mahlzeit sollten Proteine enthalten sein.
- Achten Sie darauf, dass Sie gute Fette z. B. in Form von Nüssen, Samen und kaltgepresstem Olivenöl verwenden.
- Essen Sie bunt! Auf Ihrem Speiseplan sollte besonders viel Gemüse stehen. Besonders Salat und grünes Gemüse ist empfehlenswert.

Lebensmittel sinnvoll wählen

Der Körper zieht seine Energie aus der Nahrung, deren Energiegehalt man in Kalorien misst. Stehen ihm durch die Nahrung nicht genügend Kalorien zur Verfügung, fängt er an, Energie aus den eigenen Fettreserven zu erzeugen. Dies führt zum gewünschten Ziel – dem Verlust von Gewicht. Kohlenhydrathaltige Lebensmittel besitzen meist eine hohe Energiedichte, d.h. dass man auch bei kleinen Portionsgrößen viele Kalorien zu sich nimmt. Der Verzicht auf Kohlenhydrate führt also zwangsläufig zu einer Reduzierung der Kalorienzufuhr und kann somit zu einer Abnahme führen. Hier muss jedoch beachtet werden, dass auch kohlenhydratarme Lebensmittel eine hohe Energiedichte besitzen können wie z. B. Avocado, fetter Käse sowie Öle, Nüsse und Samen. Diese sollte man in angemessenen Portionen zu sich nehmen. Um eine Abnahme zu generieren, zählt nämlich schlussendlich immer die Energiebilanz, egal, ob die Kalorien nun aus kohlenhydratarmen oder -reichen Lebensmitteln kommen. Bei der Low-Carb-Ernährung sollten also vorwiegend Gemüse, mageres Fleisch, Fisch, Eier und Milchprodukte auf dem Speiseplan stehen. Obst enthält von Natur aus Zucker. Auf diesen wichtigen Lieferanten von Vitaminen, Mineral- und Ballaststoffen sollten Sie aber auf keinen Fall verzichten. Bevorzugen Sie am besten die zuckerarmen Sorten wie z. B. Erdbeeren oder Melonen. Aufpassen sollten Sie auf alle Fälle bei Fertigprodukten jeglicher Art, da diese oft sehr viel Zucker enthalten. Also Finger weg von fertigen Suppen, Soßen, Gewürzmischungen, Ketchup und Gebäck. Ebenfalls meiden sollte man sogenannte Light-Produkte. Denn bei diesen Produkten wird der reduzierte Fettgehalt gern durch Zucker ersetzt. Greifen Sie deshalb bei Milchprodukten lieber zu den Artikeln mit der Vollfettstufe. Und auch Softdrinks, Fruchtsäfte und Alkohol sollten vom Ernährungsplan gestrichen werden oder zumindest nur in Ausnahmefällen auf dem Speiseplan stehen.

Tipps und Tricks zum Durchhalten

Die guten Vorsätze sind da, die Ernährungsumstellung hat begonnen und nach ein paar Tagen fällt man in ein Motivationsloch. Geben Sie nicht auf! Gönnen Sie sich zwischendurch ruhig mal einen Tag Pause und essen Sie einfach, worauf Sie Lust haben. Vielleicht brauchen Sie so einen Tag auch einfach einmal die Woche. Wenn Sie sich die anderen sechs Tage der Woche dann wieder low carb ernähren, haben Sie immer noch einen ganz hervorragenden Schnitt. Manchen fällt es auch schwer, sofort nur auf Wasser und ungesüßten Kaffee oder Tee umzusteigen. Hier hilft die Taktik der kleinen Schritte. Fangen Sie langsam an und süßen Sie mit immer weniger Zucker. Und der Saftanteil bei der Saftschorle wird einfach nach und nach immer etwas geringer. Schon bald haben sich Ihre Geschmacksnerven umgestellt und Ihnen wird auffallen, wie stark gesüßt viele Softdrinks und Fertig-Saftschorlen tatsächlich sind. Wir wünschen Ihnen viel Erfolg und ein gesundes Körpergefühl!

Kohlenhydratarme und kohlenhydratreiche Lebensmittel

	kohlenhydratarm	kohlenhydratreich
Gemüse	Blumenkohl Brokkoli Zucchini Gurke Spinat Champignons Tomate Salat Aubergine Grünkohl	Kartoffel Rote Bete Mais
Obst	Himbeere Wassermelone Erdbeere Brombeere Johannisbeere Papaya Grapefruit	Banane Mango Weintrauben Kaki
Fleisch/Fisch	Geflügel Kalbfleisch Schweinefleisch Rindfleisch Lammfleisch Wild alle Sorten Fisch	paniertes Fleisch mariniertes Fleisch Wurst mit Zuckerzusatz panierter Fisch (z. B. Fischstäbchen, Backfisch)
Mehl	Kokosmehl Mandelmehl Sojamehl Leinsamenmehl	Weizenmehl Maismehl
Getränke	Wasser/Mineralwasser Kaffee Tee Gemüsesäfte Light-Getränke	Alkohol (v. a. Bier und Sekt) Fruchtsäfte Softdrinks

Beilagen & Snacks

AUBERGINEN-MINI-PIZZA

Zutaten für 2 Portionen

½ Zwiebel, 1 Handvoll Basilikum,
100 g Cocktailtomaten,
Salz, frisch gemahlener Pfeffer,
1 große Aubergine,
1 EL Olivenöl, 60 g Mozzarella

Zubereitung *ca. 30 Min.*

Pro Portion *ca. 197 kcal • 8 g EW • 14 g F • 8 g KH*

1. Zwiebel schälen und fein hacken. Basilikum waschen, trocken schütteln und Blättchen abzupfen. Einige Blättchen zum Garnieren beiseitelegen, Rest grob hacken.

2. Tomaten waschen, halbieren, vom Stielansatz befreien und grob würfeln. Gehackten Basilikum zugeben und vermischen. Mit Salz und Pfeffer abschmecken.

3. Heißluftfritteuse auf 180 °C vorheizen. Aubergine waschen, putzen und schälen. In ungefähr ½ Zentimeter dicke Scheiben schneiden und mit Olivenöl bepinseln. Auberginenscheiben auf die Grillplatte oder in die Backform legen und salzen. Mozzarella abtropfen lassen und in Scheiben schneiden.

4. Tomaten-Basilikum-Mischung auf den Auberginenscheiben verteilen. Mozzarella darauflegen. In der vorgeheizten Heißluftfritteuse ca. 10–15 Minuten backen. Herausnehmen und mit restlichen Basilikumblättchen garniert servieren.

KÄSEMUFFINS

Zutaten für 6 Stück

30 g weiche Butter,
3 Eier, 100 g Mandelmehl,
2 EL geriebener Käse (z. B. Gouda),
Salz, frisch gemahlener Pfeffer,
2 EL gehobelter Parmesan

Zubereitung *ca. 20 Min.*

Pro Stück *ca. 163 kcal • 14 g EW • 11 g F • 2 g KH*

1. Butter schaumig rühren. Eier einzeln zufügen und unterrühren. Mandelmehl zugeben und unterrühren. Käse zugeben und unterrühren. Mit Salz und Pfeffer abschmecken.

2. Teig in 6 Muffin-Förmchen verteilen und mit Parmesan bestreuen. In der Heißluftfritteuse bei 170 °C ca. 12 Minuten backen.

Tipp Die Käsemuffins lassen sich durch Zugabe verschiedener Kräuter wie z. B. Basilikum, Petersilie oder Thymian je nach Lust und Laune variieren.

GEFÜLLTE TOMATEN

Zutaten für 2 Portionen

*2 große Tomaten,
2 EL Frischkäse, 2 EL saure Sahne,
40 g Schinkenwürfel, 2 Eigelb,
2 TL gehacktes Basilikum und
einige Basilikumblättchen zum Garnieren,
Salz, frisch gemahlener Pfeffer*

Zubereitung *ca. 15 Min.*

Pro Portion *ca. 161 kcal • 10 g EW • 11 g F • 5 g KH*

1. Tomaten waschen und trocken tupfen. Einen Deckel abschneiden und vorsichtig mit einem Löffel Fruchtfleisch entfernen. Frischkäse mit saurer Sahne, Schinkenwürfeln, Eigelben und gehacktem Basilikum glatt rühren. Fruchtfleisch untermischen und alles mit Salz und Pfeffer abschmecken.

2. Masse in die ausgehöhlten Tomaten geben, Deckel darauflegen und gefüllte Tomaten in den Garkorb stellen. In der Heißluftfritteuse bei 180 °C ca. 6–10 Minuten backen. Mit Basilikumblättchen garniert servieren.

SPARGEL IM SPECKMANTEL

Zutaten für 2 Portionen

6 Stangen grüner Spargel,
6 Scheiben durchwachsener Schinkenspeck in Scheiben

Zubereitung *ca. 15 Min.*

Pro Portion *ca. 190 kcal • 13 g EW • 13 g F • 4 g KH*

1. Vom Spargel holziges Ende abschneiden, Spargel waschen und unteres Drittel schälen. Um jede Spargelstange eine Speckscheibe wickeln.

2. Spargelstangen in den Garkorb oder auf die Grillplatte legen und in der Heißluftfritteuse bei 190 °C ca. 10 Minuten frittieren.

Tipp Spargel im Speckmantel schmeckt pur als Low-Carb-Snack und passt ideal zu gemischtem Salat oder gebratenem Fleisch. Auch kalt sind die Spargel-Speck-Stangen ein wunderbarer Genuss. Je nach Belieben können Sie auch weißen Spargel verwenden. Dieser wird im Gegensatz zum grünen Spargel aber komplett geschält, bevor er mit Speck umwickelt wird.

KNUSPRIGE KOKOSNUSS-GARNELEN

Zutaten für 2 Portionen

130 g Garnelen (küchenfertig),
2 Eier, 1 TL Kokoscreme,
1 Spritzer Zitronensaft,
Salz, frisch gemahlener Pfeffer,
2 EL Mandelmehl, 2 EL Kokosflocken,
etwas Öl nach Belieben,
½ Zitrone

Zubereitung *ca. 15 Min.*

Pro Portion *ca. 340 kcal • 31 g EW • 21 g F • 4 g KH*

1. Garnelen waschen und trocken tupfen. Eier mit Kokoscreme und Zitronensaft verschlagen und mit Salz und Pfeffer würzen. Garnelen in Mandelmehl wälzen, in Ei-Mischung tunken und mit Kokosflocken gleichmäßig panieren. Nach Belieben mit etwas Öl besprühen.

2. Kokosnuss-Garnelen in den Garkorb legen und in der Heißluftfritteuse bei 170 °C ca. 11 Minuten frittieren. Mit Zitrone zum Beträufeln servieren.

Tipp Dazu passt ein leckerer Cocktaildip. Hierfür einfach Mayonnaise mit etwas Light-Ketchup verrühren und mit Zitronensaft, Salz und Pfeffer abschmecken.

ZWETSCHGEN IM SPECKMANTEL

Zutaten für 2 Portionen

100 g durchwachsener Schinkenspeck in Scheiben, 15 getrocknete Zwetschgen, Holzspieße oder Zahnstocher

Zubereitung *ca. 10 Min.*

Pro Portion *ca. 367 kcal • 11 g EW • 13 g F • 48 g KH*

1. Heißluftfritteuse auf 180 °C vorheizen. Speckscheiben auf der Arbeitsfläche ausbreiten und Zwetschgen darin einrollen. Mit Holzspießen oder Zahnstochern fixieren.

2. Zwetschgen im Speckmantel in der vorgeheizten Heißluftfritteuse auf dem Gittereinsatz ca. 5–8 Minuten backen.

Tipp Dörrobst und Speck ergeben eine tolle Kombination! Variieren Sie dieses Rezept doch einmal mit getrockneten Aprikosen oder Datteln. Nur bei der Portionsgröße sollten Sie sich mäßigen. Die getrockneten Früchte schlagen nämlich mit einem hohen Zuckergehalt zu Buche und sollten bei einer Low-Carb-Ernährung nur in Maßen genossen werden.

ZUCCHINI-CHIPS

Zutaten für 2 Portionen

1 große Zucchini,
1 Knoblauchzehe,
50 g fein geriebener Parmesan,
1 EL Apfelessig, Salz,
Fett für die Grillplatte

Zubereitung *ca. 1 Std. und 10 Min.*

Pro Portion *ca. 157 kcal • 12 g EW • 10 g F • 6 g KH*

1. Zucchini putzen, waschen und trocken tupfen. In dünne Scheiben hobeln. Knoblauch schälen und fein hacken. Knoblauch, Parmesan, Apfelessig und etwas Salz vermischen und Zucchinischeiben darin marinieren. Grillplatte mit Fett ausstreichen.

2. Zucchinischeiben einzeln auf die Grillplatte legen und in der Heißluftfritteuse bei 160 °C ca. 10 Minuten backen. Temperatur der Heißluftfritteuse auf 110 °C verringern und Zucchinischeiben weitere ca. 50 Minuten knusprig backen. (Immer wieder kontrollieren, dass die Zucchinischeiben nicht zu dunkel werden.) Mit den restlichen Zucchinischeiben ebenso verfahren.

Tipp Zu den Zucchinichips passt ein Dip wie z. B. Salsa, Zigeunersoße oder Light-Ketchup.

KÜRBIS-POMMES

Zutaten für 2 Portionen

1 Hokkaidokürbis,
1 EL Olivenöl,
1 TL Paprikapulver,
1 TL Grillgewürz,
2 EL Kräuter (z. B. Rosmarin, Thymian),
Tomatendip nach Belieben

Zubereitung *ca. 30 Min.*

Pro Portion *ca. 254 kcal • 5 g EW • 9 g F • 38 g KH*

1. Heißluftfritteuse auf 200 °C vorheizen. Hokkaidokürbis waschen, halbieren und Kerne entfernen. Kürbis in schmale Spalten schneiden. In einen Gefrierbeutel geben und mit Olivenöl, Gewürzen und 1 Esslöffel Kräutern marinieren.

2. Kürbis-Pommes in den Garkorb füllen und in der Heißluftfritteuse ca. 10 Minuten garen. Temperatur auf 180 °C verringern und weitere ca. 5 Minuten garen. Mit restlichen Kräutern bestreuen und nach Belieben mit Tomatendip servieren.

GRÜNKOHL-CHIPS

Zutaten für 2 Portionen

250 g Grünkohl,
Saft von ½ Zitrone,
1 Prise Salz,
1 ½ EL Olivenöl,
Saaten nach Belieben zum Bestreuen (z. B. Sesam, Leinsamen)

Zubereitung *ca. 30 Min.*

Pro Portion *ca. 177 kcal • 7 g EW • 13 g F • 4 g KH*

1. Heißluftfritteuse auf 180 °C vorheizen. Grünkohl waschen, Blätter vom Strunk entfernen und trocken schütteln. Grünkohlblätter in kleinere Stücke zupfen, in eine Schüssel geben und mit Zitronensaft, Salz und Olivenöl marinieren.

2. Marinierte Grünkohlblätter auf die Grillplatte legen und in der vorgeheizten Heißluftfritteuse ca. 5 Minuten frittieren. Grünkohl wenden und weitere maximal 5 Minuten leicht goldbraun frittieren. (Immer wieder kontrollieren, dass die Grünkohlblätter nicht zu dunkel werden.) Grünkohlchips mit Saaten bestreut servieren.

Tipp Ernährungsempfehlungen betonen immer wieder die gesunden Auswirkungen von dunkelgrünem Blattgemüse, denn sie sind vollgepackt mit Vitaminen, Antioxidantien, Mineralien und Ballaststoffen. Grünkohl ist der unangefochtene König der dunkelgrünen Blattgemüse und schmeckt in dieser Snackvariante besonders lecker.

ZWIEBELRINGE IN PARMESANKRUSTE

Zutaten für 2 Portionen

1–2 Zwiebeln,
60 g Mandelmehl,
40 g geriebener Parmesan,
1 TL Knoblauchpulver,
1 TL Salz,
1 Ei, 1 EL Öl

Zubereitung *ca. 30 Min.*

Pro Portion *ca. 325 kcal • 28 g EW • 19 g F • 10 g KH*

1. Heißluftfritteuse auf 200 °C vorheizen. Zwiebeln schälen und in ca. ½ Zentimeter dicke Ringe schneiden. Mandelmehl mit Parmesan, Knoblauchpulver und Salz vermischen. Ei verschlagen. Backblech mit Backpapier auslegen.

2. Zwiebelringe nacheinander in der Eimasse und in der Parmesan-Panade wenden und auf das Backpapier legen. Öl darüberträufeln oder mit Öl besprühen. In der vorgeheizten Heißluftfritteuse ca. 15–20 Minuten backen.

Tipp Nicht nur Zwiebelringe lassen sich mit dieser knusprigen Parmesanhülle verfeinern. Auch Zucchini- oder Auberginenscheiben kann man damit panieren und in der Heißluftfritteuse frittieren. Zu allen Varianten passen Dips auf Mayonnaise- oder Tomatenbasis.

KRÄUTER-FRITTATA

Zutaten für 2 Portionen

1 Handvoll gemischte Kräuter (z. B. Petersilie, Kerbel, Schnittlauch),
1 Frühlingszwiebel,
1 TL Olivenöl,
3 Eier, 1 EL Mehl,
2 EL Joghurt (10 % Fett),
1 TL Backpulver,
Salz, frisch gemahlener Pfeffer

Zubereitung *ca. 30 Min.*

Pro Portion *ca. 190 kcal • 12 g EW • 11 g F • 10 g KH*

1. Heißluftfritteuse auf 180 °C vorheizen. Kräuter waschen, trocken schütteln und fein hacken. Frühlingszwiebel putzen, waschen und in dünne Röllchen schneiden. Eier mit Mehl, Joghurt und Backpulver verschlagen und mit Salz und Pfeffer würzen. Kräuter und Frühlingszwiebeln untermischen.

2. Öl in den Garbehälter geben und Frittata-Masse in den Garbehälter füllen. Kräuter-Frittata in der vorgeheizten Heißluftfritteuse ca. 15–20 Minuten garen, bis die Frittata gestockt ist.

GEFÜLLTE CHAMPIGNONS

Zutaten für 2 Portionen

250 g Champignons,
100 g Schinkenwürfel,
100 g Frischkäse,
1 EL gehackte Kräuter,
1 EL Milch,
1 Prise Salz, frisch gemahlener Pfeffer,
100 g geriebener Käse,
Cocktailtomaten nach Belieben

Zubereitung *ca. 20 Min.*

Pro Portion *ca. 397 kcal • 27 g EW • 30 g F • 3 g KH*

1. Champignons putzen und säubern. Stiele vorsichtig entfernen und klein würfeln. Pilzstiele, Schinkenwürfel, Frischkäse, Kräuter und Milch vermischen und mit Salz und Pfeffer abschmecken.

2. Masse in die Champignons füllen und mit geriebenem Käse bestreuen. Nach Belieben Tomaten putzen, waschen, und in Scheiben schneiden. Nach Belieben Tomatenscheiben auf die Champignons legen. In der Heißluftfritteuse bei 180 °C ca. 8–10 Minuten garen.

KNOBLAUCH-PARMESAN-MÖHREN

Zutaten für 2 Portionen

500 g Möhren,
1 Knoblauchzehe,
2 EL Öl,
50 g gehobelter Parmesan,
Salz,
2 EL gehackte Kräuter

Zubereitung *ca. 20 Min.*

Pro Portion *ca. 321 kcal • 11 g EW • 21 g F • 13 g KH*

1. Möhren putzen, schälen und halbieren. Knoblauch schälen, fein hacken und mit Öl vermischen. Heißluftfritteuse mit Backpapier auslegen und Möhren darauflegen. Mit Knoblauchöl einpinseln.

2. In der Heißluftfritteuse bei 180 °C ca. 10 Minuten garen. Möhren mit Parmesan bestreuen und weitere ca. 4–5 Minuten garen. Knoblauch-Parmesan-Möhren herausnehmen und mit Salz und frischen Kräutern bestreut servieren.

Haupt-
gerichte

GEFÜLLTE ZUCCHINI

Zutaten für 2 Portionen

2 kleine runde Zucchini,
Salz, 1 Knoblauchzehe,
50 g Feta,
200 g Hackfleisch vom Rind,
1 TL gehackte Petersilie,
1 TL edelsüßes Paprikapulver,
frisch gemahlener Pfeffer

Zubereitung *ca. 30 Min.*

Pro Portion *ca. 317 kcal • 29 g EW • 20 g F • 6 g KH*

1. Zucchini putzen, waschen und trocken tupfen. Einen Deckel abschneiden und Fruchtfleisch mit einem Löffel ausschaben. Ca. 1 Zentimeter Rand lassen. Innenseiten mit etwas Salz bestreuen. Knoblauch schälen und fein hacken. Feta zerbröseln. Knoblauch, Feta, Hackfleisch und Petersilie gut vermischen und mit Salz, Paprikapulver und Pfeffer würzen. Heißluftfritteuse auf 180 °C vorheizen.

2. Ausgehöhlte Zucchini mit Hackfleisch-Feta-Masse füllen und Deckel darauflegen. Gefüllte Zucchini in den Garkorb stellen und in der vorgeheizten Heißluftfritteuse ca. 20 Minuten garen.

HÄHNCHEN-NUGGETS LOW CARB

Zutaten für 2 Portionen

200 g Hähnchenbrust,
1 Ei,
25 g Mandelmehl,
50 g geriebener Parmesan,
Salz,
frisch gemahlener Pfeffer,
Dip nach Belieben

Zubereitung *ca. 20 Min.*

Pro Portion *ca. 280 kcal • 42 g EW • 11 g F • 2 g KH*

1. Heißluftfritteuse auf 200 °C vorheizen. Hähnchenbrust waschen und trocken tupfen. In kleinere Stücke schneiden. Ei verschlagen. Mandelmehl mit Parmesan vermischen und mit Salz und Pfeffer würzen.

2. Hähnchenbruststücke nacheinander in der Eimasse und im Parmesan-Mehl wenden und in der vorgeheizten Heißluftfritteuse ca. 8–12 Minuten frittieren. Hähnchen-Nuggets zwischendurch wenden. Nach Belieben mit Dip servieren.

BUCHWEIZEN-PUFFER

Zutaten für 4 Portionen

150 g Buchweizen,
1 Knoblauchzehe,
½ Bund Petersilie,
1 Ei,
Salz, frisch gemahlener Pfeffer,
Currypulver

Zubereitung *ca. 50 Min.*
Ruhezeit *ca. 20 Min.*

Pro Portion *ca. 152 kcal • 6 g EW • 2 g F • 27 g KH*

1. Buchweizen gründlich mit heißem Wasser in einem Sieb abspülen. Ca. 300 Milliliter Wasser in einem Topf zum Kochen bringen und Buchweizen zufügen. Zugedeckt ca. 20 Minuten bei geringer Hitze köcheln lassen. Topf vom Herd nehmen und Buchweizen ca. 20 Minuten quellen lassen.

2. Knoblauch schälen und fein hacken. Petersilie waschen, trocken schütteln und Blätter fein hacken. Buchweizen mit Ei und etwas Wasser zu einer gut formbaren Masse verkneten. Knoblauch und Petersilie unterkneten und mit Salz, Pfeffer und Currypulver abschmecken. Aus der Masse kleine Puffer formen. Buchweizenpuffer auf die Grillplatte legen und in der Heißluftfritteuse bei 200 °C ca. 20 Minuten frittieren.

HÄHNCHENBRUST AUF GRILLGEMÜSE

Zutaten für 2 Portionen

2 Hähnchenbrüste,
Salz, frisch gemahlener Pfeffer,
1 TL Knoblauchpulver,
½ TL Paprikapulver, 1 EL Öl,
200 g Brokkoli,
2 Möhren, 1 Zwiebel,
2 Zweige Thymian nach Belieben,
1 Prise Zucker

Zubereitung *ca. 30 Min.*
Marinierzeit *ca. 1 Std.*

Pro Portion *ca. 274 kcal • 35 g EW • 8 g F • 9 g KH*

1. Hähnchenbrüste gründlich waschen und trocken tupfen. Aus Salz, Pfeffer, Knoblauchpulver, Paprikapulver und Öl eine Marinade herstellen. Hähnchenbrüste in die Marinade geben und ca. 1 Stunde im Kühlschrank marinieren.

2. Brokkoli putzen, waschen und in Röschen teilen. Möhren putzen, schälen und in Scheiben schneiden. Zwiebel schälen und grob schneiden. Nach Belieben Thymian waschen, trocken schütteln und Blättchen fein hacken. Gemüse in einer Schüssel mit Thymian, etwas Öl, Salz und 1 Prise Zucker marinieren.

3. Hähnchenbrüste und Gemüse auf die Grillplatte legen und in der Heißluftfritteuse bei 180 °C ca. 20 Minuten garen. Nach der Hälfte der Zeit Hähnchenbrüste einmal wenden.

GEFÜLLTER BUTTERNUTKÜRBIS

Zutaten für 2 Portionen

1 Butternutkürbis, Öl,
Salz, frisch gemahlener Pfeffer,
100 g Champignons, 30 g Walnusskerne,
30 g Schinkenspeck nach Belieben,
100 g Frischkäse, 100 g Crème fraiche,
1 EL gehackte Kräuter (z. B. Petersilie),
etwas frisch geriebener Muskat,
etwas Rauke zum Garnieren,
50 g geriebener Käse

Zubereitung *ca. 30 Min.*

Pro Portion *ca. 623 kcal • 19 g EW • 49 g F • 25 g KH*

1. Kürbis längs halbieren. Mit einem Löffel Kerne entfernen und etwas Fruchtfleisch ausschaben. Kürbishälften mehrmals mit einer Gabel einstechen. Mit etwas Öl bestreichen und mit Salz und Pfeffer würzen. In der Heißluftfritteuse bei 200 °C ca. 10 Minuten garen.

2. Champignons waschen, putzen und klein würfeln. Walnusskerne grob hacken. Schinkenspeck klein würfeln. Champignons, Walnusskerne und Schinkenspeck mit Frischkäse und Crème fraîche verrühren. Gehackte Kräuter zugeben und Masse mit Salz, Pfeffer und Muskat abschmecken. Rauke waschen, trocken schütteln und klein zupfen.

3. Butternuthälften mit der Masse füllen und mit geriebenem Käse bestreuen. In der Heißluftfritteuse bei 180 °C weitere ca. 15 Minuten garen. Mit Rauke garniert servieren.

AUBERGINEN-„LASAGNE"

Zutaten für 4 Portionen

2 Auberginen, Salz,
1 Zwiebel, 2 Knoblauchzehen,
1 EL Öl,
400 g Hackfleisch, 125 ml Rotwein,
1 Pck. passierte Tomaten, 2 EL Tomatenmark,
1 EL gehackte Kräuter
(z. B. Oregano, Basilikum),
frisch gemahlener Pfeffer,
Fett für die Backform,
100 g Ricotta, 100 g geriebener Käse

Zubereitung *ca. 55 Min.*

Pro Portion *ca. 498 kcal • 31 g EW • 31 g F • 14 g KH*

1. Auberginen waschen, putzen und längs in Scheiben schneiden. Mit Salz bestreuen. Zwiebel und Knoblauch schälen und fein hacken. Öl in einer Pfanne erhitzen und Zwiebel und Knoblauch darin andünsten. Hackfleisch zufügen und krümelig braun braten. Mit Rotwein ablöschen. Passierte Tomaten zufügen, Tomatenmark und gehackte Kräuter unterrühren. Mit Salz und Pfeffer abschmecken.

2. Backform mit Fett ausstreichen und abwechselnd Auberginenscheiben, Ricotta und Hackfleischsoße in die Form schichten. Geriebenen Käse darauf verteilen. In der Heißluftfritteuse bei 160 °C ca. 40 Minuten backen.

BLUMENKOHLBODEN-PIZZA

Zutaten für 1 große Pizza oder 2 kleine Pizzen

½ Blumenkohl, 1 Handvoll Spinatblätter, 1 Handvoll Cocktailtomaten, 1 Knoblauchzehe, 150 g passierte Tomaten, Olivenöl, 2 EL italienische Kräutermischung, Salz, frisch gemahlener Pfeffer, 150 g geriebener Parmesan, 1 Ei

Zubereitung *ca. 45 Min.*

Pro Pizza (groß) *ca. 869 kcal • 72 g EW • 55 g F • 23 g KH*

1. Blumenkohl putzen, in Röschen teilen und waschen. Mit der Reibe oder im Mixer zu grießähnlicher Konsistenz zerkleinern. Blumenkohlgrieß ca. 8 Minuten im Dampfgarer oder in der Mikrowelle bei 600 Watt vorgaren.

2. Spinat waschen und trocken schütteln. Tomaten waschen, halbieren und vom Stielansatz befreien. Knoblauch schälen und fein hacken. Tomatensoße mit einem Schuss Olivenöl und 1 Esslöffel Kräuter vermischen und mit Salz und Pfeffer abschmecken.

Vorgegarten Blumenkohl mit 100 Gramm Parmesan und Ei zu einer cremigen Masse verrühren. Knoblauch und restliche Kräuter unterrühren und mit Salz abschmecken. Pizzablech mit Backpapier auslegen. Blumenkohl-Teig darauf verteilen und mit Olivenöl bestreichen. In der Heißluftfritteuse bei 180 °C Blumenkohlboden ca. 15 Minuten backen. (Je nach Größe der Heißluftfritteuse eine große Pizza backen oder zwei kleine Pizzen nacheinander zubereiten.)

3. Tomatensoße darauf verteilen und mit Spinat und Tomaten belegen. Mit restlichem Parmesan bestreuen. In der Heißluftfritteuse weitere ca. 10 Minuten backen.

KOHLRABI-GRATIN

Zutaten für 2 Portionen

2 große Kohlrabi, Salz,
50 g Butter,
2 EL Guarkernmehl, 200 g Sahne,
1 Zweig Rosmarin,
frisch gemahlener Pfeffer,
etwas frisch geriebener Muskat,
100 g geriebener Käse
(z. B. Gouda)

Zubereitung *ca. 50 Min.*

Pro Portion *ca. 797 kcal • 22 g EW • 67 g F • 12 g KH*

1. Kohlrabi putzen, schälen und in mundgerechte Stücke schneiden. In einem Topf Salzwasser zum Kochen bringen und Kohlrabistücke darin ca. 15 Minuten köcheln lassen. Heißluftfritteuse auf 180 °C vorheizen. Kohlrabistücke über einem Sieb abtropfen lassen.

2. Eine kleine Auflaufform in den Korb stellen, Butter darin schmelzen und Guarkernmehl einrühren. Sahne unterrühren. Rosmarin waschen, trocken schütteln, Nadeln abstreifen und fein hacken. Rosmarin unterrühren. Soße mit Salz, Pfeffer und Muskat abschmecken. Kohlrabistücke zugeben. Mit Käse bestreuen und in der vorgeheizten Heißluftfritteuse ca. 25 Minuten backen.

FISCHFINGER IN SESAMKRUSTE

Zutaten für 1 Portion

130 g Fischfilet,
1 Ei,
1 Spritzer Limettensaft,
Salz,
frisch gemahlener Pfeffer,
2 EL Mandelmehl,
4 EL Sesam,
1 El Öl,
Dip nach Belieben
(z. B. Remoulade, Tomatendip)

Zubereitung *ca. 15 Min.*

Pro Portion *ca. 682 kcal • 59 g EW • 45 g F • 8 g KH*

1. Fischfilet waschen, trocken tupfen und in Stücke schneiden. Ei mit Limettensaft verschlagen und kräftig mit Salz und Pfeffer würzen. Fischstücke nacheinander in Mehl und Eimischung wenden und mit Sesam panieren.

2. Panade andrücken und Fischfinger mit Öl besprühen. Fischfinger vorsichtig in den Garkorb legen und in der Heißluftfritteuse bei 180 °C ca. 10 Minuten backen. Mit Dip nach Wahl servieren.

LACHSPÄCKCHEN MIT GEMÜSE

Zutaten für 1 Portion

½ unbehandelte Zucchini,
1 kleine Möhre,
½ Knoblauchzehe,
¼ unbehandelte Zitrone,
150 g Lachsfilet,
Salz, frisch gemahlener Pfeffer,
20 ml Weißwein,
2 EL Olivenöl,
1 EL gehackte Kräuter
(z. B. Thymian, Kerbel, Petersilie)

Zubereitung *ca. 30 Min.*

Pro Portion *ca. 580 kcal • 32 g EW • 45 g F • 5 g KH*

1. Zucchini und Möhre putzen, waschen und in feine Streifen schneiden. Knoblauch schälen und fein hacken. Zitrone waschen, trocken tupfen und in Scheiben schneiden. Lachsfilet waschen und trocken tupfen. Mit Salz und Pfeffer würzen.

2. Backpapier auf der Arbeitsplatte ausbreiten und Gemüse und Lachsfilet darauf verteilen. Mit Wein und Öl beträufeln und mit Salz und Pfeffer würzen. Kräuter darüberstreuen und mit Zitronenscheiben belegen. Backpapier zusammenfalten und Lachspäckchen mit Gemüse gut verschließen. In der Heißluftfritteuse bei 200 °C ca. 12–15 Minuten garen.

FLEISCH-GEMÜSE-SPIESSE

Zutaten für 2 Portionen

250 g Fleisch nach Wahl
(z. B. Hähnchenbrust, Schweinefilet, Lammfilet),
1 rote Paprikaschote,
½ unbehandelte Zucchini,
1 Zwiebel,
1 Handvoll kleine Champignons,
Salz, frisch gemahlener Pfeffer,
Öl, Spieße,
Paprikapulver

Zubereitung *ca. 25 Min.*

Pro Portion *ca. 265 kcal • 29 g EW • 9 g F • 9 g KH*

1. Fleisch waschen, trocken tupfen und in Würfel schneiden. Paprika und Zucchini putzen, waschen und in mundgerechte Stücke schneiden. Zwiebel schälen und grob schneiden. Champignons waschen und putzen. Hähnchenstücke in eine Schüssel geben und kräftig mit Salz und Pfeffer würzen. Mit etwas Öl vermischen.

2. Abwechselnd Fleisch-, Gemüse- und Pilzstücke auf Spieße stecken und mit etwas Paprikapulver würzen. Fleisch-Gemüse-Spieße in der Heißluftfritteuse bei 180 °C ca. 15 Minuten braten.

KNUSPRIGE HÄHNCHENFLÜGEL

Zutaten für 2 Portionen

10 Hähnchenflügel,
½ TL Pfefferkörner,
½ TL Senfkörner,
1 TL edelsüßes Paprikapulver,
1 TL scharfes Paprikapulver,
1 TL Salz,
1 TL brauner Zucker,
2 EL Zitronensaft,
1 EL gehackte Kräuter,
Dip nach Belieben

Zubereitung *ca. 40 Min.*
Marinierzeit *ca. 1 Std.*

Pro Portion *ca. 458 kcal • 47 g EW • 29 g F • 3 g KH*

1. Hähnchenflügel waschen und trocken tupfen. In handliche Stücke teilen. Pfeffer- und Senfkörner in einen Mörser geben und fein zerstoßen. Paprikapulver, Salz und braunen Zucker zugeben und alles gut vermischen.

2. Hähnchen mit Zitronensaft einreiben und gleichmäßig mit Gewürzmischung bestreuen. Ca. 1 Stunde marinieren lassen.

3. Hähnchenflügel in den Garkorb legen und in der Heißluftfritteuse bei 180 °C ca. 25 Minuten knusprig braun braten. Mehrmals wenden. Mit gehackten Kräutern garniert servieren. Einen Dip nach Wahl dazureichen.

Süßes & Gebäck

GEGRILLTE ANANAS MIT QUARK

Zutaten für 2 Portionen

1 kleine Ananas (ca. 400 g),
1 EL Honig,
1 EL Limettensaft,
200 g Quark (20 % Fett),
1 Spritzer Süßstoff,
1 EL Mineralwasser,
25 g gehackte Mandeln

Zubereitung *ca. 20 Min.*

Pro Portion *ca. 266 kcal • 17 g EW • 12 g F • 27 g KH*

1. Heißluftfritteuse auf 200 °C vorheizen. Ananas schälen, Strunk entfernen und Fruchtfleisch in Scheiben schneiden. Honig und Limettensaft verrühren und Ananasscheiben damit bestreichen.

2. Ananasscheiben auf den Grillrosteinsatz oder die Grillpfanne legen und in der vorgeheizten Heißluftfritteuse ca. 12 Minuten grillen. Quark mit Süßstoff süßen und mit Mineralwasser glatt rühren. Gegrillte Ananas mit Quark anrichten und mit gehackten Mandeln bestreut servieren.

Tipp Gegrilltes Obst ist ein wahrer Genuss und nicht nur Ananas lässt sich gut in der Heißluftfritteuse grillen. Ersetzen Sie diese doch einfach mal mit halbierten und entsteinten Aprikosen, Pfirsichen oder Nektarinen.

BLAUBEER-PFANNKUCHEN

Zutaten für 1 Portion

1 Handvoll Blaubeeren,
1 TL Butter und etwas Butter für die Form,
½ Vanilleschote,
2 EL Quark (20 % Fett),
1 Ei,
2 EL Mandelmehl,
1 Msp. Backpulver,
Süßstoff nach Belieben

Zubereitung *ca. 10 Min.*

Pro Portion *ca. 398 kcal • 33 g EW • 25 g F • 9 g KH*

1. Blaubeeren waschen und trocken tupfen. Einige Blaubeeren für die Dekoration beiseitelegen. Butter schmelzen. Vanilleschote der Länge nach mit einem Messer halbieren und mit dem Messerrücken das Mark herauskratzen.

2. Geschmolzene Butter, Vanillemark, Quark, Ei, Mandelmehl und Backpulver zu einem dickflüssigen, glatten Teig verrühren. Blaubeeren unterheben und nach Belieben mit Süßstoff süßen. Backform oder Pizzapan mit Butter ausstreichen, Teig hineingeben und in der Heißluftfritteuse bei 180 °C ca. 6 Minuten backen. Blaubeerpfannkuchen mit restlichen Blaubeeren dekoriert servieren.

SÜSSES OMELETTE

Zutaten für 1 Portion

2 Pfirsichhälften (aus der Dose, ohne Zuckerzusatz),
2 Eier,
1 EL Milch,
1 Pck. Vanillexylit,
3 EL Puderxylit,
1 Msp. Zimt,
1 EL Öl,
2 EL Walnusshälften

Zubereitung *ca. 15 Min.*

Pro Portion *ca. 600 kcal • 18 g EW • 41 g F • 19 g KH*

1. Pfirsiche über einem Sieb abtropfen lassen und in Spalten schneiden. Eier mit Milch, Vanillexylit, 2 Esslöffeln Puderxylit und Zimt verschlagen. Öl in der Backform erhitzen. Eimasse hineingießen. Pfirsichspalten und Walnusshälften darauf verteilen.

2. In der Heißluftfritteuse bei 180 °C ca. 8–10 Minuten goldbraun backen. Omelette auf einem vorgewärmten Teller anrichten und mit restlichem Puderxylit bestreut servieren.

Tipp Xylit ist ein Zuckeralkohol und hat eine ähnliche Süßkraft wie normaler Haushaltszucker. Durch seine chemische Beschaffenheit besitzt es jedoch 40 % weniger Kalorien als dieser und wirkt sich zudem weniger auf den Insulinspiegel aus.

CHEESECAKE-MUFFINS MIT BLAUBEEREN

Zutaten für 4 Stück

4 Eier,
2 EL Frischkäse,
2 EL saure Sahne,
100 g Mandelmehl,
1 TL Backpulver,
2 EL Süßstoff,
etwas abgeriebene Schale
von 1 unbehandelten Orange,
1 Handvoll Blaubeeren

Zubereitung *ca. 25 Min.*

Pro Stück *ca. 210 kcal • 21 g EW • 11 g F • 4 g KH*

1. Eier schaumig schlagen und mit Frischkäse und saurer Sahne glatt rühren. Mandelmehl und Backpulver untermischen. Mit Süßstoff süßen und Orangenabrieb unterrühren. Teig in 4 Muffinförmchen füllen und in der Heißluftfritteuse bei 170 °C ca. 15 Minuten backen.

2. Blaubeeren waschen und trocken tupfen. Cheesecake-Muffins etwas abkühlen lassen und mit Blaubeeren dekoriert servieren.

BRATÄPFEL MIT CHEESECAKE-FÜLLUNG

Zutaten für 2 Portionen

2 große Äpfel,
1 Vanilleschote,
100 g Frischkäse, 1 Ei,
30 g Xylit, ½ TL Zimt,
1 EL grob gehackte Mandeln und
einige Mandeln zum Garnieren,
1 EL grob gehackte Walnusskerne und
einige Walnusskerne zum Garnieren

Zubereitung *ca. 30 Min.*

Pro Portion *ca. 425 kcal • 10 g EW • 26 g F • 32 g KH*

1. Äpfel waschen, Deckel abschneiden, Kerngehäuse entfernen und Äpfel aushöhlen. Dabei einen Rand von ca. 1–2 Zentimetern lassen. Fruchtfleisch fein hacken. Vanilleschote der Länge nach mit einem Messer halbieren und mit dem Messerrücken das Mark herauskratzen.

2. Frischkäse, Ei, Xylit, Zimt und Vanillemark mit den Schneebesen des Handrührgerätes glatt rühren. Fruchtfleisch, Mandeln und Walnüsse unterheben. Äpfel mit der Masse füllen. Korb mit Backpapier auslegen, Bratäpfel daraufstellen und in der Heißluftfritteuse bei 200 °C ca. 15 Minuten backen. Bratäpfel mit Mandeln und Walnusskernen dekoriert servieren.

ZITRONEN-SOUFFLÉ

Zutaten für 1 Portion

1 Ei,
50 g Quark (20 % Fett),
1 TL Mandelmehl,
1 Msp. Backpulver,
Saft und abgeriebene Schale
von ½ unbehandelten Zitrone,
Süßstoff nach Belieben,
Butter für die Form,
Puderxylit nach Belieben

Zubereitung *ca. 20 Min.*

Pro Portion *ca. 273 kcal • 18 g EW • 21 g F • 3 g KH*

1. Ei trennen. Eiweiß steif schlagen. Eigelb mit Quark glatt rühren und mit Mandelmehl, Backpulver, Zitronensaft und -abrieb gut verrühren. Nach Belieben mit Süßstoff süßen. Eischnee vorsichtig unterheben.

2. Förmchen mit Butter ausstreichen und Masse einfüllen. Zitronen-Soufflé in der Heißluftfritteuse bei 180 °C ca. 15 Minuten backen. Nach Belieben mit Puderxylit bestäubt servieren.

KOKOSNUSS-MUFFINS

Zutaten für 5 Stück

2 EL Kokosöl,
75 g Kokosmehl,
75 g gemahlene Mandeln,
3 Eier,
2–3 EL Erythrit,
1 EL Kokosflocken

Zubereitung *ca. 20 Min.*

Pro Stück *ca. 260 kcal • 11 g EW • 21 g F • 4 g KH*

1. Kokosöl schmelzen und mit Kokosmehl, Mandeln und Eiern zu einem Teig verrühren. Nach Geschmack mit Erythrit süßen.

2. Teig in 4 Muffinförmchen füllen und mit Kokosflocken bestreuen. In der Heißluftfritteuse bei 170 °C ca. 12–15 Minuten backen. Nach dem Backen etwas abkühlen lassen und servieren.

Tipp Kokosöl hat eine feste bis cremige Konsistenz und wird ab einer Temperatur von ca. 25 °C flüssig. Durch den hohen Anteil an gesättigten Fettsäuren lässt es sich sehr hoch erhitzen und ist auch zum Kochen und Braten bestens geeignet.

BROWNIE MIT HIMBEEREN

Zutaten für 4 Portionen

100 g Low-Carb-Schokolade,
50 g Butter und
etwas Butter für die Form,
3 EL Xylit, – Birkenzucker
1 Ei,
30 g Mandelmehl,
1 TL Kakao,
1 Msp. Backpulver,
1 Handvoll Himbeeren (TK-Produkt)

Zubereitung *ca. 30 Min.*

Pro Portion *ca. 306 kcal • 7 g EW • 24 g F • 12 g KH*

1. Schokolade klein hacken und in einem Topf mit Butter schmelzen. Xylit unterrühren und etwas abkühlen lassen. Ei unterrühren und schaumig schlagen. Mandelmehl, Kakao und Backpulver unterrühren. Himbeeren unterheben.

2. Backform mit Butter ausstreichen und Teig einfüllen. In der Heißluftfritteuse bei 170 °C ca. 15 Minuten backen.

LEICHTE KOKOSMAKRONEN

Zutaten für ca. 10 Stück

2 Eiweiß,
150 g Kokosflocken,
etwas Vanillearoma,
2 Spritzer Süßstoff

Zubereitung *ca. 20 Min.*

Pro Stück *ca. 97 kcal • 2 g EW • 9 g F • 1 g KH*

1. Eiweiße steif schlagen. Ein Drittel des Eischnees mit Kokosflocken, Vanillearoma und Süßstoff verrühren. Restlichen Eischnee vorsichtig unterheben.

2. Backform mit Backpapier auslegen und mit einem Löffel kleine Teigkleckse daraufsetzen. Kokosmakronen in der Heißluftfritteuse bei 180 °C ca. 10 Minuten backen.

Tipp Leckere Varianten für Kokosmakronen gibt es viele. Beispielsweise Kokosmakronen mit Limettenaroma: Hierfür einfach je nach Geschmacksvorliebe die Schale einer halben bis ganzen Biolimette zum steif geschlagenen Eiweiß geben. Für besonders saftige Makronen kann man übrigens einfach 30–50 Gramm Magerquark unter den Teig mischen.

LOW-CARB-KÖRNERBROT

Zutaten für 1 Brot

150 g Quark (20 % Fett), 50 g Joghurt (1,5 % Fett), 4 Eier, ½ TL Salz, 1 Pck. Backpulver, 60 g Sonnenblumenkerne, 40 g grob gehackte Haselnüsse, 30 g Kürbiskerne, 6 EL Haferkleie, 2 EL Chiasamen, 2 TL Leinsamen und etwas Leinsamen zum Bestreuen, 1 TL weißer Sesam und etwas Sesam zum Bestreuen, 1 TL schwarzer Sesam und etwas Sesam zum Bestreuen

Zubereitung *ca. 55 Min.*
Ruhezeit *ca. 20 Min.*

Pro Brot *ca. 1686 kcal • 95 g EW • 116 g F • 59 g KH*

1. Quark mit Joghurt, Eiern und Salz glatt rühren. Mit restlichen Zutaten zu einem Teig verarbeiten. Teig mindestens ca. 20 Minuten ruhen lassen.

2. Teig in die Backform füllen und mit Leinsamen und Sesam bestreuen. In der Heißluftfritteuse bei 170 °C ca. 40 Minuten backen und abkühlen lassen.

Tipp Das Brot hält sich im Kühlschrank (in ein sauberes Küchentuch eingeschlagen) etwa 7 Tage frisch. Ebenso lassen sich die Brotscheiben portionsweise einfrieren und bei Bedarf schnell im Toaster aufbacken.

PROTEIN-CHIA-BRÖTCHEN

Zutaten für ca. 4 Stück

100 g Frischkäse,
1 Ei,
50 g neutrales Eiweißpulver,
50 g Chiasamen,
2 EL Flohsamenschalen,
½ Pck. Backpulver,
1 TL Salz

Zubereitung *ca. 25 Min.*
Ruhezeit *ca. 15 Min.*

Pro Stück *ca. 141 kcal • 14 g EW • 8 g F • 2 g KH*

1. Frischkäse mit Ei verrühren. Restliche Zutaten und 100 Milliliter Wasser zufügen und alles zu einem Teig verkneten. Teig ca. 15 Minuten ruhen lassen.

2. Aus dem Teig kleine Brötchen formen und in der Heißluftfritteuse bei 170 °C ca. 10–15 Minuten backen.

Tipp Chiasamen und Flohsamenschalen wirken sich durch ihren hohen Gehalt an Ballaststoffen positiv auf die Verdauung aus. Zudem machen sie wegen ihres Quellverhalten richtig satt. In Kombination mit sättigendem Eiweiß ergeben sie also das perfekte Frühstücksbrötchen.

LEINSAMEN-BRÖTCHEN

Zutaten für ca. 6 Stück

2 Eier,
¾ EL Salz,
150 g Leinsamenmehl,
50 g Flohsamenschalen,
250 g Magerquark,
1 EL Leinsamen,
1 EL Sesam

Zubereitung *ca. 45 Min.*
Ruhezeit *ca. 30 Min.*

Pro Stück *ca. 174 kcal • 15 g EW • 7 g F • 5 g KH*

1. Eier mit Salz schaumig schlagen. Leinsamenmehl mit Flohsamenschalen vermischen und unter die Eimasse rühren. Quark unterheben und 250 Milliliter heißes Wasser zufügen. Alles zu einem Teig verkneten. Teig mindestens ca. 30 Minuten ruhen lassen. Heißluftfritteuse auf 180 °C vorheizen.

2. Aus dem Teig kleine Brötchen formen und mit Leinsamen und Sesam bestreuen. In der vorgeheizten Heißluftfritteuse ca. 35 Minuten backen.

REZEPTREGISTER

Bildnachweis

Shutterstock: 3 u. li. Liv friis-larsen, 3 o. li. Azdora, 3 o. re. Julie208, 3 u. re. gowithstock, 5 Brent Hofacker, 6 Barbara Dudzinska, 9 Ezzolo, 10 o. beats1, 10 u. New Africa, 17 Olha Hutsuliuk, 19 Edith Frincu, 21 Azdora, 23 iuliia_n, 25 sutsaiy, 27 Tobik, 29 Elena Veselova, 31 Brent Hofacker, 33 Ina Ts, 35 Robyn Mackenzie, 37 Nadezhda Nesterova, 39 zi3000, 41 Lenakov, 45 Liv friis-larsen, 47 nelea33, 49 minadezhda, 51 gowithstock, 53 Martin Turzak, 55 Elena Leya, 57 Nataliya Arzamasova, 59 StockphotoVideo, 61 Studio 37, 63 Julie208, 65 zi3000, 67 DronG, 71 Roserunn, 73 Elena Veselova, 75 Stepanek Photography, 77 A_Lein, 79 Timolina, 81 Elena Demyanko, 83 Anna Shepulova, 85 Olesia Reshetnikova, 87 Ildi Papp, 89 ltummy, 91 BarthFotografie, 93 Petr Jilek, 94 Elena Eryomenko

Impressum

Alle Informationen in diesem Buch wurden mit größter Sorgfalt erarbeitet und geprüft. Weder Herausgeber, Autor noch Verlag können jedoch für Schäden haftbar gemacht werden, die in Zusammenhang mit der Verwendung dieses Buches stehen.

Komplettproducing: twinbooks, München
Text und Lektorat: Gesa Scheziat, Jana Lösch, Eva Hutter für twinbooks, München

Genehmigte Sonderausgabe für Weltbild GmbH & Co. KG,
Werner-von-Siemens-Str. 1, 86159 Augsburg

Umschlaggestaltung: Maria Seidel, atelier-seidel.de
Shutterstock/nelea33

Druck und Bindung:
NEOGRAFIA, a.s.
Strasse Sucianska 39A
038 61 Martin-Priekopa
Slowakei

Printed in the EU.

978-3-8289-2923-4

2021 2020 2019
Die letzte Jahreszahl gibt die aktuelle Sonderausgabe an.

Einkaufen im Internet:
www.weltbild.de